Storytelling für Einsteiger:

Der Erfolgsfaktor im Marketing

Wie Sie Ihre Geschichte erzählen und Kunden zu Fans machen - inkl. Redaktionsplan-Checkliste für den richtigen Content und 11-Schritte-Actionplan

Nicole Menrath

INHALT

Das erwartet Sie in diesem Ratgeber

Sie haben sicherlich bereits erkannt, dass Storytelling heute allgegenwärtig und auch aus dem Marketing kaum noch wegzudenken ist. In diesem Ratgeber erhalten Sie daher zunächst einen Überblick darüber, was Storytelling eigentlich ist und wieso es ein wichtiger Bestandteil einer erfolgreichen Marketingstrategie ist. Außerdem erfahren Sie im Theorieteil, wie eine klassische Geschichte aufgebaut ist, inwiefern sich dieser Aufbau in die unternehmerische Praxis integrieren lässt und welche Alternativen es gibt.

Das wiederum mithilfe des wohl bekanntesten Beispiels von unternehmerischem Storytelling – ahnen Sie schon, um welche Firma es sich handelt?

In einem zweiten, praxisorientierten Teil werde ich Ihnen das Storytelling Schritt für Schritt näherbringen – von der Zielformulierung und Ideenfindung über die Redaktionsplanung und den eigentlichen Schreibprozess bis hin zur Zielgruppen- und Plattform-optimierten Veröffentlichung Ihrer Geschichte. Sie lernen, warum Sie Ihre Ziele und Zielgruppen genau definieren müssen und warum eine gute Planung bereits die halbe Miete ist. Sie werden sehen, dass Storytelling weit über die Formulierung plumper Werbesprüche hinausgeht – und dennoch ebenso weit entfernt ist von einer stupiden Aufzählung faktenbasierter Verkaufsargumente. Deshalb enthält der Ratgeber auch eine ganze Reihe an Hinweisen zum „guten Schreiben". Auch das Thema „Monitoring und Erfolgskontrolle" wird abschließend kurz angeschnitten werden. Sowohl innerhalb der einzelnen Kapitel des Praxisteils als auch im Anschluss daran werden Sie sowohl hilfreiche Checklisten als auch diverse Tipps und Tricks finden, die Ihnen die Arbeit dauerhaft erleichtern werden.

Für ungeduldige oder fortgeschrittene Leser findet sich im Anschluss an den Praxisteil ein 11-Punkte-Quickguide, der in Kurzform vermittelt, was ich Ihnen zuvor im Ratgeber ausführlich erklärt habe. Nämlich, wie Sie Ihr Storytelling im Marketing rocken – und Ihre Story von der Planung bis zur Veröffentlichung und anschließenden Erfolgskontrolle strukturiert zielsicher an den Mann (oder an die Frau) bringen.

Storytelling als Erfolgsfaktor im Marketing

Heutzutage ist das sogenannte Storytelling allgegenwärtig, insbesondere in Berufen, die „irgendwas mit Medien" zu tun haben. Deshalb kommen auch Unternehmen im Allgemeinen und deren Marketingabteilungen im Speziellen nicht mehr daran vorbei. Bevor Sie nun erfahren, wie auch Sie die Macht des Geschichtenerzählens für Ihre Marketingstrategien nutzen können, möchte ich Ihnen zunächst erklären, was Storytelling ist, warum Sie sich damit besonders gut von Ihrer Konkurrenz abheben können und wie Sie auf diese Weise einen besseren Zugang zu Ihren Kunden bekommen.

WAS IST STORYTELLING?

Unter Storytelling versteht man eine Art des Infotainments, die auf der Idee beruht, den Kunden nicht durch Zahlen, Daten, Fakten (ZDF) von sich zu überzeugen, sondern durch den Aufbau einer emotionalen Bindung – oder einfacher ausgedrückt: durch das Erzählen von Geschichten. Es leitet sich ab vom englischen „story" (Geschichte) und „to tell" (erzählen, reden) und zeigt, dass manches nie aus der Mode gerät: Menschen lieben Geschichten. Am meisten solche, die sie emotional berühren. Dabei ist es zunächst egal, ob es sich um ein Märchen, eine Fabel oder einen Hollywood-Film handelt. Ihnen allen ist gemein, dass sich das Publikum mit dem Helden identifizieren kann und mit ihm mitfühlt. So, wie Geschichten zudem von jeher dazu dienten, komplexes Wissen verständlich weiterzugeben, so können Sie sie auch heute noch nutzen, um beispielsweise gezielt die Werte

Ihres Unternehmens zu vermitteln oder um Kunden von der Einzigartigkeit Ihrer Produkte und Dienstleistungen zu überzeugen.

Der (klassische) Aufbau einer Geschichte

Vielleicht erinnern Sie sich noch dunkel an die Zeit im Deutschunterricht, als Sie sich fragten: „Wozu um Himmels willen muss ich denn die fünf Akte eines Dramas und deren Funktion kennen?" Nun, jetzt wissen Sie es: Weil Storytelling heute ein wichtiges Mittel ist, um sich auch in der Wirtschaft gegen die Konkurrenz durchzusetzen. Und weil Geschichten, damit sie den Leser fesseln, einen Spannungsbogen brauchen.

Deshalb noch einmal kurz und knapp: Im ersten Akt werden die W-Fragen beantwortet, also beispielsweise Wer? Was? Wo? Und wann? Die Ausgangssituation wird beschrieben, ebenso wie der (geschichtliche) Kontext. Schließlich bahnt sich der Konflikt an, im zweiten Akt spitzt er sich immer weiter zu, um schließlich im dritten Akt seinen Höhepunkt zu erreichen: Wird der Held siegen oder wird er scheitern? Im vorletzten Akt folgt das sogenannte „retardierende Moment", also eine unerwartete Wendung, die den Ausgang des Konflikts verzögert, und schließlich folgt die (hoffentlich positive) Auflösung der Geschichte/des Problems.

Geschichten im Unternehmensbereich

Jetzt werden Sie vielleicht die Hände über dem Kopf zusammenschlagen und sich fragen, was das bitte schön mit Marketing und Ihrem Unternehmen zu tun haben soll. Und in der Tat eignet sich der klassische Aufbau nicht für jedes Format des Storytellings, wie Sie im Praxisteil noch sehen werden. Dennoch ist es wichtig, die Struktur im Hinterkopf zu behalten. Laut Simon Sinek sollte nämlich auch das Storytelling eines Unternehmens mindestens die folgenden Fragen im Fokus haben und beantworten: *Warum? Wie? Und Was?* – wobei das Hauptaugenmerk auf dem „Warum?" liegen sollte. Er nennt das den **„Golden Circle"**, der dem Kunden die wichtigsten Fragen dazu beantwortet, weshalb er sich für Sie entscheiden sollte.

Der kleinste gemeinsame Nenner zwischen normalen Geschichten und unternehmerischem Storytelling liegt in drei Bestandteilen, die jede noch so kleine beziehungsweise kurze Story benötigt: Charaktere, einen Konflikt und dessen Lösung. Diese Erzählform eignet sich daher vor allem über Ihre „Über Uns"-Seite, einen eigenen Blog oder für Produkteinführungen (s. unten).

WARUM IHR MARKETING VON STORYTELLING PROFITIERT

Wenn Sie sich diese Gliederungsmerkmale vor Augen führen, fällt Ihnen auf, dass ein Storytelling-Marketingtext nicht mehr allzu viel mit einem klassischen Werbetext zu tun hat. Doch warum sollten Sie sich diese Mühe machen? Viele Studien haben gezeigt, dass das Leben in Zeiten des Internets und der damit einhergehenden Informationsflut nicht nur schnelllebiger, sondern zeitgleich auch die menschliche Aufmerksamkeitsspanne kürzer wird. Bei all den Reizen, die ununterbrochen auf die Menschen einströmen, bleibt oft keine Zeit oder man hat keine Lust, sich länger als nötig mit einem (komplexen) Thema zu befassen. Zugleich werden Konsumenten aufgrund der Vielfalt an teils nahezu identischen Produkten zunehmend gleichgültiger gegenüber rein faktischen Informationen und plumpen Werbesprüchen. Geschichten hingegen generieren Aufmerksamkeit, weil sich der Zuhörer (im Idealfall) mit dem Erzähler/Helden identifizieren kann.

Durch diesen Aufbau von Emotionen werden auch (implizite) Schlussfolgerungen über das Unternehmen gezogen und entsprechend im Gedächtnis verankert. Und genau deshalb ist Storytelling eine so wirksame Methode, um sich positiv von Wettbewerbern abzuheben. Einerseits lassen sich komplexere Sachverhalte besser verpacken, ähnlich der „Moral von der Geschicht", wie man sie bei Wilhelm Busch findet. Andererseits bindet man seine Kunden mithilfe von Emotionen an sich, indem man ihnen durch kluge, witzige oder lehrreiche Erzählungen zeigt, warum die eigenen Produkte und Dienstleistungen am besten zu ihnen und ihren Bedürfnissen passen.

Beispiel aus der Unternehmenspraxis: Apple

Sie glauben nicht daran, dass das geht? Dabei kennen Sie sicherlich, auch wenn Sie es möglicherweise gar nicht bewusst wahrgenommen haben, das wohl berühmteste Beispiel für gelungenes Storytelling in der Unternehmenspraxis: nämlich die von Steve Jobs und Apple. Steve Jobs, der damalige

CEO des Tech-Unternehmens, verstand es wie kaum ein anderer, die Firma Apple und deren Produkte ins beste Licht zu rücken. Nicht nur, weil er selbst ein charismatischer Redner war. Sondern auch, weil er es geschafft hat, neue Produkte geschickt mithilfe von „greifbaren Bildern" zu vermitteln, anstatt einfach nur Zahlen, Daten und Fakten herunterzubeten, um die Vorzüge seiner Produkte zu lobpreisen. Und das durchgängig von der Produktvorstellung bis hin zum letzten Detail der Werbekampagnen. Das glauben Sie mir nicht? Nun, dann sollten Sie sich vielleicht mal die Präsentation des iPod („1000 Songs in deiner Hosentasche") oder des ersten iPhones anschauen. So wird dort nicht nur ein Konflikt präsentiert (beispielsweise die unpraktische Größe der damaligen Discmans und ersten MP3-Player), sondern auch ein Antagonist (in Form von Anspielungen auf die „überholten" Produkte anderer Hersteller), der den Helden (Apples Produkt, bei dem eine Lösung für den zuvor genannten Konflikt gefunden wurde) im direkten Vergleich noch besser dastehen lässt.

Auch in Sachen Unternehmensgeschichte ist Apple ein gutes Beispiel, denn die Firma vermittelt zugleich den „American Way of Life", also das „vom Tellerwäscher zum Millionär"-Prinzip: Zwei junge Männer mit einer Leidenschaft für Computer und Technik beginnen in einer Garage, einen Computer zu entwickeln, der klein und günstig genug ist, dass sich auch Privatpersonen einen leisten können. Schließlich soll auch die Benutzeroberfläche derart weiterentwickelt werden, dass auch Menschen, die sich mit Programmbefehlen nicht auskennen, den Computer intuitiv benutzen können. Und so erweitert sich nach und nach die Produktpalette, sobald insbesondere Steve Jobs, der sich selbst auch teilweise als Künstler und der Musik sehr verbunden fühlte, Verbesserungsmöglichkeiten bei bereits bestehenden technischen Produkten entdeckte. Herausgekommen ist eine Firma, die im Bereich der Unterhaltungselektronik weltweit bekannt ist und deren Marke so stark ist, dass allein die damit verbundenen Emotionen zu großen Teilen ausreichen, um dem Unternehmen weiterhin große Marktanteile zu sichern.

Um an der Stelle auch noch einmal kurz auf den „Golden Circle" zurückzukommen: Das Warum von Apple lässt sich wohl am ehesten Zusammenfassen mit „damit möglichst viele Haushalte/

Personen in der Lage sind, sich die entsprechenden Produkte leisten zu können und weil es immer noch viele Möglichkeiten zur Optimierung gibt". Daraus ergibt sich auch das Wie: Computer (und später auch weitere technische Produkte) kleiner, praktischer und vor allem benutzerfreundlicher gestalten. Und schließlich auch das Was: Apple sondiert den Markt, schaut sich vorhandene Konflikte an und sucht eine innovative Lösung, um besser/schneller zu sein als die Konkurrenz.

Am Beispiel von Apple können Sie noch weitere Erkenntnisse in Bezug auf das unternehmerische Storytelling gewinnen – beispielsweise darüber, was unter einer Geschichte, Story oder Erzählung verstanden werden kann. Das wiederum ist wichtig für Ihre spätere Redaktionsplanung. Denn neben dem oben bereits erwähnten klassischen Aufbau einer Geschichte umfasst das Storytelling im Marketing eine viel umfassendere Palette an Formaten. Angefangen bei ausführlichen Blogbeiträgen, die einer klassischen Heldenreise unter Umständen durchaus ähneln können, über Präsentationen bei Produkteinführungen bis hin zu Kurz- und Kürzestgeschichten in Form von Bildunterschriften bei Instagram oder einzelnen

Tweets. Und zusätzlich zu den eher textlastigen Formaten gibt es natürlich, je nach Plattform, auch die Möglichkeit, auf bild-, ton- oder Video-basierte Beiträge umzuschwenken.

Wie Sie sehen, haben Sie schier unbegrenzte Möglichkeiten, Storytelling in Ihre Marketingstrategien einzubinden. Wichtig ist, dass Sie es schaffen, dem Publikum einen Mehrwert zu bieten. Und dass Sie den von Ihnen gewählten Helden, einen Konflikt und dessen Lösung in den Mittelpunkt Ihrer Erzählung stellen – so stellen Sie sicher, dass bei Ihrer Zielgruppe bekannte Bilder und Emotionen geweckt werden, die diese dann wiederum mit Ihnen und Ihrem Unternehmen verbinden.

Im folgenden praxisorientierten Teil des Ratgebers erfahren Sie nun, wie Sie eine Storytelling-Strategie entwickeln, einzelne Beiträge umsetzen und anschließend deren Erfolg messen. Dabei werden Sie feststellen, dass die Vorarbeit oft mehr Aufwand und Zeit benötigt als die eigentliche Schreiberei. Frei nach dem Motto: Gut geplant ist schon die halbe Miete. Dabei wird es vor allem darum gehen, genauestens herauszufinden, welches Ziel Sie verfolgen, wer Ihre Zielgruppe ist und wie Sie diese am besten erreichen, aber auch darum, wie Sie Ideen generieren und ordnen – und, worauf Sie beim Schreiben sonst noch achten sollten.

Wie Sie Ihre Geschichte(n) erzählen

Im ersten, eher theorielastigen Teil dieses Ratgebers haben Sie gelernt, dass Storytelling im Marketing wichtig ist, um sich positiv von der Konkurrenz abzuheben und um Kunden langfristig an sich zu binden. Außerdem haben Sie erfahren, dass Geschichten dem Menschen dabei helfen, sich (komplexe) Sachverhalte besser zu merken. Außerdem brauchen sie mindestens einen Helden, einen Konflikt und dessen Lösung sowie eine sehr bildhafte Darstellung (im wörtlichen oder übertragenen Sinne), um den Adressaten in ihren Bann zu ziehen.

ZIELE DEFINIEREN UND IDEEN FINDEN

Bevor Sie jetzt wild drauf losschreiben, sollten Sie sich zunächst intensiv damit befassen, welches Ziel Sie mit Ihrem Storytelling verfolgen und welche Geschichte(n) Sie erzählen sollten, damit Sie genau das erreichen, was Sie sich vorgenommen haben. Dazu kann es sinnvoll sein, zunächst die sogenannten W-Fragen zu beantworten, ähnlich wie früher bei einem Schulaufsatz in Deutsch. Sobald diese Fragen geklärt sind, sollten die ermittelten Ziele so konkret formuliert werden, dass eine entsprechende Fortschritts- und Erfolgskontrolle möglich ist. Dazu finden Sie auch später noch einmal weitere Informationen.

Checkliste: Die W-Fragen als wichtigste Grundlage
Um ein klareres Bild davon zu erhalten, welche Geschichten Ihr Marketing, insbesondere das

sogenannte Content-Marketing, auf Ihren unternehmenseigenen Kanälen positiv beeinflussen, sollten Sie sich zunächst ausreichend Zeit nehmen, um die folgenden Fragen möglichst genau zu beantworten:

- **Warum? Wozu?** Hierbei geht es um das verfolgte Ziel, also die Absicht, die Sie mit dem Veröffentlichen Ihrer Geschichte verfolgen. Wollen Sie das Unternehmen bekannter machen? Einzelne Mitarbeiter? Neue Produkte? Wollen Sie Ihren Kundenservice erweitern, indem Sie beispielsweise häufig gestellte Fragen beantworten? Wollen Sie neue Mitarbeiter werben oder neue Kunden und Investoren akquirieren?

- **Wer ist meine Zielgruppe?** Je genauer das Bild von der Personengruppe, die Sie erreichen wollen, desto besser können Sie Ihre Story/s anpassen und desto höher sind deren Erfolgschancen. Versuchen Sie, sich möglichst genau vorzustellen, wen Sie ansprechen wollen. Machen Sie sich Gedanken über demografische und soziologische Merkmale, wie Alter, Geschlecht, soziale Schicht/Beruf/Einkommen, Wohnort, gesundheitliche Verfassung,

Persönlichkeitstyp, Interessen ... und stellen Sie sich anschließend die Frage: Welche Informationen und welche Art der Ansprache braucht dieser Typ Mensch? Ein Student in einer Großstadt fühlt sich sicherlich von einem modernen Sprachstil und Neologismen eher angesprochen als eine Rentnerin in einem kleinen Dorf, die möglicherweise noch nie auch nur von Anglizismen gehört hat.

- **Was genau?** Diese Frage beschäftigt sich vor allem mit dem Inhalt der Geschichte, vor allem aber mit deren zentraler Botschaft: Möchten Sie Ihr Unternehmen oder gar den Geschäftsführer vorstellen, sind Erzähler/Held und Plot (die Handlung) natürlich ganz anders, als wenn Sie ein neues Produkt vorstellen wollen. Deshalb hängt das *Was* sehr stark mit dem *Warum* und auch mit dem *Wie* zusammen, ähnlich wie beim Golden Circle. Außerdem sollten Sie sich die Frage stellen, ob es sich um eine einmalige, eher unveränderliche Geschichte handelt (Gründungsgeschichte) – oder um wiederkehrende, vielleicht sogar aufeinander aufbauende Erzählungen, beispielsweise die verschiedenen Entwicklungsstadien eines neuen

Produktes, häufig gestellte Kundenanfragen oder kuriose Geschichten aus dem Berufsalltag. Egal, wofür Sie sich entscheiden, eines dürfen Sie nie vergessen: Ihre Geschichte sollte dem Publikum auch einen Mehrwert bieten! Deshalb ist es auch so wichtig, Konfliktsituationen zu schildern, auch, wenn das im ersten Moment für viele paradox klingt.

- Wie? Also vor allem auch: Wann und wo? Wenn Sie sich überlegt haben, welche Geschichte(n) Sie erzählen wollen, müssen Sie sich natürlich auch überlegen, wie Sie diese am besten „an den Mann (oder an die Frau) bringen". Um diese Frage sinnvoll beantworten zu können, müssen Sie Ihre Zielgruppe genau definiert haben. Jetzt geht es daran, die Medien zu identifizieren, die Ihr Publikum nutzt. Außerdem muss geklärt werden, ob eine Geschichte zu einem bestimmten Anlass veröffentlicht werden soll (beispielsweise zum 50. Firmenjubiläum, an Weihnachten ...) oder ob sie theoretisch „jederzeit" publiziert werden könnte. Ein Redaktionsplan kann Ihnen dabei behilflich sein, Ihre Gedanken zu strukturieren, eine längerfristige Strategie zu entwickeln und die geeigneten Medien zum richtigen Zeitpunkt zu bespielen (s. unten).

- **Wer ist dafür zuständig?** Über diesen Punkt sollten sich nicht nur große Unternehmen Gedanken machen, sondern (gerade) auch kleine und mittelständige Unternehmen sowie Soloselbstständige. Bei großen Unternehmen könnte beispielsweise die gesamte Marketingabteilung am Storytelling mitarbeiten oder aber auch nur einzelne Mitarbeiter. Vielleicht wird sogar genau dafür eine extra Stelle (oft ausgeschrieben als „Content Creator") geschaffen. Oder vielleicht werden noch Mitarbeiter aus anderen Abteilungen phasenweise in den Arbeitsprozess eingebunden (Stichwort: interdisziplinäre Teams). Möglicherweise muss die Aufgabe aber auch outgesourct und beispielsweise an eine Textagentur delegiert werden. Das könnte beispielsweise der Fall sein, wenn Ihr Unternehmen keine ausreichenden personellen Kapazitäten hat oder wenn Sie als Selbstständiger tätig sind und sich nicht in der Lage sehen, den zeitlichen Mehraufwand allein bewältigen zu können. Doch auch in diesem Fall müssen Sie alle vorangehenden Fragen gewissenhaft beantworten, denn sonst könnten Ihnen selbst die besten Content Creator der Welt nicht genau das liefern, was Sie für Ihr Marketing brauchen. Deshalb empfehle ich Ihnen, die Dinge selbst in die Hand zu nehmen – nach der Lektüre dieses Ratgebers werden Sie schließlich gut gerüstet sein.

SMART-Goals als Erfolgsmesser

Nachdem Sie nun also die wichtigsten Fragen geklärt haben, widmen wir uns noch einmal dem Ziel (oder den Zielen), das Sie mit Ihrem Marketing im Allgemeinen und Ihren Storys im Speziellen erreichen wollen. Um dieses klar zu definieren, bietet sich die SMART-Goal-Methode an:

S – Specific (spezifisch)

M – Measurable (messbar)

A – Attractive (ansprechend, i. S. v. „ich bin motiviert, dieses Ziel zu erreichen")

R – Realistic (realistisch)

T – Timebound (zeitlich begrenzt)

Im Wesentlichen bedeutet das, dass Sie sich überlegen, was genau Sie wie und bis wann erreichen wollen. Das macht es Ihnen bei größeren

Projekten oder Kampagnen auch leichter, diese in kleinere Etappen und Teilaufgaben zu zerlegen.

Ein eher unglücklich formuliertes Ziel wäre beispielsweise: Wir wollen unsere Conversion Rate (also die Quote der Personen, die z. B. nicht nur Ihre Webseite besuchen, sondern auch etwas im Webshop kaufen) erhöhen.

Besser: Wir wollen unsere Conversion Rate bis zum Zeitpunkt X um Y Prozent erhöhen. Dieses (in Anlehnung an Ihre bisherigen Geschäftszahlen erarbeitete) konkrete Ziel gibt Ihnen nicht nur eine Deadline und damit einen zeitlichen Rahmen vor. Die einzelnen Prozesse lassen sich auch objektiv messen und somit der Fortschritt regelmäßig überprüfen. Ähnliches lässt sich auch formulieren, wenn Sie im Rahmen Ihrer W-Fragen-Analyse festgestellt haben, dass es beispielsweise an der Zeit ist, einen neuen Social-Media-Kanal zu eröffnen.

5 Möglichkeiten, um Ideen zu finden

Nachdem Sie geklärt haben, welche Ziele Sie verfolgen und wen Sie ansprechen wollen, geht es nun also daran, sich Gedanken um die konkreten Inhalte zu machen. In den meisten Fällen eignen sich die Gründungsgeschichte sowie Storys rund um Ihre Mitarbeiter, Produkte und Kundenanfragen als erste Anhaltspunkte. Je nachdem, wie lange es Ihr Unternehmen schon gibt und wie viel bereits über Sie und Ihr Angebot bekannt ist, können Ihnen die folgenden Tipps helfen, weitere Ideen für Ihre Geschichte(n) zu generieren.

1. Brainstorming – Der Klassiker

Beim Brainstorming geht es darum, zunächst so viele Ideen wie irgend möglich zu einem vorgegebenen Thema zu sammeln. Ausgewertet wird später. Erlaubt ist also zunächst einmal alles, gern auch vermeintlich „abstruse" Ideen. Sobald kein weiterer Input mehr folgt, werden die Ideen (thematisch) sortiert und auf ihre Machbarkeit hin untersucht. Oft ergeben sich allein daraus schon wieder weitere Möglichkeiten. Um ein zu ausschweifendes und ineffizientes Brainstorming zu vermeiden, bietet es sich an, einen zeitlichen Rahmen festzulegen, in dem Ideen geäußert werden können. Natürlich besteht die Option, später aufpoppende Ideen zu ergänzen.

2. Best-Practice-Analyse – Was können Sie von bereits erfolgreichen Unternehmen lernen?

Der Begriff „Nachahmung" hört sich im ersten Moment sicherlich eher negativ an, noch dazu, wenn Sie eigentlich gerade Ihre Einzigartigkeit herausarbeiten möchten. Dennoch ist eher das Gegenteil der Fall, insbesondere wenn es sich um eine Best-Practice-Analyse handelt. Dabei geht es nicht darum, blind (und schlimmstenfalls sogar noch Wort für Wort) das zu kopieren, was ein anderes Unternehmen bereits veröffentlicht hat. Sondern vielmehr darum, sich davon inspirieren zu lassen. Überlegen Sie beispielsweise gerade, wie Sie eine ansprechende „Über Uns"-Seite gestalten könnten, ist ein Blick auf die Webseiten anderer Firmen durchaus lohnend. Im besten Fall finden Sie Anhaltspunkte dafür, was eine gelungene Seite ausmacht – und andernfalls stellen Sie zumindest fest, wie Sie es NICHT machen wollen. Auch das ist eine sehr wichtige Erkenntnis.

3. Back to the roots – Wie haben Sie Freunde und Verwandte von Ihren Plänen überzeugt?

Manchmal müssen Sie auch gar nicht in die weite Ferne schauen, um an (neue) Ideen zu gelangen, insbesondere, wenn Sie Soloselbstständiger sind oder in einem KMU arbeiten. Fragen Sie doch mal bei Freunden und Verwandten nach, was sie mit Ihrem Unternehmen verbinden. Das kann sowohl für eine „Unter uns"-Seite interessant sein als auch für Geschichten rund um die Werte Ihres Unternehmens. Oder gar für sogenannte Testimonials, also Geschichten, die meist von Kunden (manchmal aber auch von Geschäftspartnern) erzählt werden. Vielleicht kommen so auch lustige Anekdoten zum Vorschein, die sich gut in einem Blogeintrag oder in Ihren Social-Media-Kanälen veröffentlichen lassen.

4. Humankapital kreativ nutzen – Bitten Sie Ihre Mitarbeiter um Vorschläge

Wenn Sie in einem größeren Unternehmen arbeiten oder Ihr Team generell gern mehr in den kreativen Prozess einbinden wollen, kann es sinnvoll sein, einen Aufruf an Ihre Mitarbeiter zu formulieren. So können Ihnen Vertriebs- und Kundendienstmitarbeiter möglicherweise Informationen über häufig gestellte oder auch die kuriosesten Fragen zur Verfügung stellen. Ein Lieferant oder Geschäftspartner möchte sich möglicherweise dazu äußern, wie es ist, mit Ihnen zusammenzuarbeiten. Ein Auszubildender oder ein neuer Mitarbeiter könnte darüber berichten, wie der Empfang im Unternehmen war und ob es direkt am Anfang das eine oder andere Hindernis gab, das per Teamwork schließlich gelöst wurde. Sie sehen, es gibt unendlich viele Möglichkeiten.

5. Kalender nutzen – Welche (offiziellen) Feiertage und sonstige Anlässe sind für Sie relevant?

Eine weitere Möglichkeit ist es, mal den Jahreskalender zurate zu ziehen und zusätzlich eventuell relevante Feiertage, Gedenktage, Feste und sonstige zu Ihrem Unternehmen passende Anlässe googeln und vermerken. Das können beispielsweise Tage sein, die aus geschichtlicher oder Branchensicht für Sie relevant sind. Oder vielleicht feiern Sie, Ihr Unternehmen oder einer Ihrer Mitarbeiter ein Jubiläum? Vielleicht steht die Erweiterung Ihrer Produktpalette an oder der Launch des Nachfolgemodells von einem Ihrer Bestseller? Oder vielleicht möchten Sie Ihren Kunden auch einfach nur ein fröhliches Weihnachts- oder Osterfest wünschen?

Dies ist nur ein kleiner Ausschnitt an Methoden zur Ideenfindung. Vielleicht fallen Ihnen noch zig weitere ein. Wichtig ist auf jeden Fall, dass Sie sich vorher vor allem Gedanken über das Warum und das Wer machen, damit Sie abwägen können, welche Ideen auch wirklich zielführend sind. An dieser Stelle sei auch noch einmal gesagt, dass eine Geschichte im Marketing nicht zwingend der klassischen 3- bis 5-Akt-Struktur eines Dramas folgen muss – die Art und Länge einer Geschichte ergeben sich sowohl aus dem Thema/Anlass derselben als auch aus den Parametern des verwendeten Mediums: Wenn Sie einen Blogbeitrag veröffentlichen wollen, haben Sie natürlich andere Möglichkeiten und technische Anforderungen, als wenn Sie „nur mal schnell einen Tweet absetzen", einen Radiospot produzieren oder auf Instagram eine Fotostrecke zu Ihrem neuesten Produkt veröffentlichen wollen. (Dazu gleich noch einmal mehr, wenn es um den Redaktionsplan geht.)

Wenn Sie nun beginnen, die Ideen weiterzuentwickeln, prüfen Sie immer, ob Ihre potenzielle Geschichte mindestens einen Charakter, einen Konflikt und dessen Lösung bereithält. Selbstverständlich können Sie auch mal eine Geschichte ohne diese Bausteine veröffentlichen – beispielsweise die eben erwähnten Weihnachtsgrüße. Generell sollten Sie aber – wie eingangs bereits erwähnt – darauf achten, dass Sie Ihrem Publikum einen Mehrwert bieten und sich auch mal selbstkritisch zeigen, anstatt 0815-Geschwafel oder übertriebenes Selbstlob zu verfassen. Nobody's perfect – und das wissen auch Ihre Kunden. Beim Storytelling geht es darum, nicht nur zu sagen „Wir sind für Sie da" oder „Auf uns können Sie sich verlassen", sondern dem Kunden anschaulich – mithilfe konkrete Beispiele in emotionalen und bildreichen Geschichten – zu vermitteln, woran er erkennen kann, dass Sie diese Werte auch tatsächlich leben.

DER REDAKTIONSPLAN – GUT GEPLANT IST HALB GEWONNEN

Die Ziele und Zielgruppe(n) sind definiert, Ideen wurden gesammelt ... dann kann es jetzt eigentlich losgehen, oder? Noch nicht ganz! Tatsächlich ist eine gute Planung beim Storytelling (mindestens) genauso wichtig wie das Verfassen der Geschichte selbst. Insbesondere dann, wenn es darum geht, die einzelnen Geschichten in die gesamte Marketingstrategie einzupflegen.

Wenn also geklärt ist, wen Sie erreichen wollen und warum, müssen Sie jetzt noch festlegen, wo und wie Sie Ihre Beiträge veröffentlichen wollen. Dazu sollten Sie sich zunächst noch einmal die wichtigsten Charakteristika der verschiedenen Medien ins Gedächtnis rufen – ebenso wie die Frage, welche Medien Ihre Zielgruppe nutzt und welche Sie bereits nutzen oder noch nutzen möchten. Wenn auch diese Frage geklärt ist, müssen Sie noch entscheiden, wann welche Story zum Einsatz kommen soll und ob sie auf mehreren Kanälen erscheinen soll oder nur auf einem. Denn obwohl generell gilt „Die Mischung macht's", eignet sich natürlich nicht jede Geschichte für jedes Medium – und umgekehrt.

Die richtigen Medien auswählen – auf Besonderheiten achten

Bei der Wahl des richtigen Mediums drängen sich zunächst zwei Fragen auf: Erstens die Frage danach, welche Kanäle Sie bereits nutzen und welche weiteren Ihrer Meinung nach noch zu Ihrem Unternehmen passen könnten. Und zweitens, welche Kanäle Ihre Zielgruppe nutzt. Schließlich bringt Ihnen der tollste Blog eher wenig, wenn sich Ihre Zielgruppe vor allem auf YouTube und Instagram bewegt. Neben den persönlichen Präferenzen spielen bei der Wahl der Distributionsmittel auch noch die jeweils mögliche Reichweite einzelner Medien und Ihre finanziellen Ressourcen eine Rolle. Hätten Sie beispielsweise die Möglichkeit, einen bundesweiten TV-Spot zu schalten? Oder reicht es doch nur für eine kleine Anzeige in einer Lokalzeitung? Wollen Sie überhaupt Geld für die Platzierung von Kampagnen ausgeben? Und wie steht es mit finanziellen Ressourcen für die Produktion an und für sich?

Auch diese Fragen sind entscheidend für die Wahl des richtigen Mediums. Allgemein kann nämlich unterschieden werden zwischen „Owned Media", „Paid Media" und „Earned Media". Während „Owned Media" eine Bezeichnung für Ihre eigenen Kanäle ist (Webseite, Blog, Facebook, Twitter, Instagram und Co.), für deren Nutzung Sie in der Regel keine zusätzlichen Kosten haben (außer vielleicht noch für das Hosting Ihrer Domain), versteht man unter „Paid Media" alle Medien, für deren Nutzung (i. S. v. Anzeigenschaltung) Sie Geld bezahlen müssen. Das können beispielsweise

Anzeigen in Zeitungen oder auf fremden Webseiten sein, aber auch Radio- und TV-Spots. „Earned Media" wiederum bezieht sich auf alle Kanäle, die Ihnen ohne eigenes Zutun Publicity verschaffen, durch sogenanntes Word-of-Mouth. Das bedeutet, dass sich beispielsweise Blogger auf Ihr Unternehmen oder Ihre Produkte beziehen. Oder vielleicht eine Zeitung die Story aufgreift, wie Sie in diesem Jahr eine Spendengala anlässlich des Internationalen XY Tages veranstaltet hatten. Sie sind sozusagen das Gegenteil der „Paid Media". Wobei diese beiden Kategorien nicht zu verwechseln sind mit (aktivem) Influencer Marketing, denn das ist noch mal etwas ganz anderes. Darauf näher einzugehen würde jedoch den Rahmen dieses Ratgebers sprengen.

Unabhängig von den Kosten der generellen Medienarten unterscheiden sich diese natürlich auch in der Darstellung des Inhalts. Während Webseiten und Blogs sich vor allem für längere Texte und ausführliche Geschichten eignen, werden auf YouTube Videos geteilt und auf Instagram und Pinterest überwiegt die Fotografie als Überbringer der Botschaft(en) verwendet – auch wenn zumindest bei Instagram vermehrt Texte ihren

Einzug erhalten. Twitter wiederum ist zwar auch überwiegend textbasiert, allerdings dürfen diese (Stand 2021) nur maximal 280 Zeichen enthalten. Diese erste kurze Übersicht zu den verschiedenen Formaten sollten Sie immer im Hinterkopf behalten, wenn Sie Ihre Storys planen. Um den Überblick zu behalten, lohnt sich zudem die Erstellung eines Redaktionsplans.

Warum ein Redaktionsplan sinnvoll ist

Während eine Privatperson einfach munter drauf losschreiben, filmen, knipsen und die Ergebnisse teilen kann, sollte sich ein Unternehmen eine Strategie überlegen, was wann wo veröffentlicht werden soll, um eine einheitliche Kommunikation und einen roten Faden zu gewährleisten. Das heißt nicht, dass deshalb beispielsweise Weihnachtsgrüße einzig und allein Anfang Dezember produziert werden dürfen – selbstverständlich können diese schon „vorproduziert" werden. Aber es sollte auf jeden Fall unabhängig vom Produktionstag einer Story klar sein, welchem übergeordneten Erzählstrang Ihre Geschichten folgen und in welcher Reihenfolge sie nach außen hin präsentiert werden. Sobald mehrere Personen beteiligt sind, ist ein Redaktionsplan zudem das perfekte Tool, um die Übersicht nicht nur über Publikationstermine zu behalten, sondern auch über den gesamten Schaffens- und Veröffentlichungsprozess. Hier gilt es, Transparenz zu schaffen und sicherzustellen, dass alle Beteiligten wissen, wer für welche Aufgabe zuständig ist und bis wann diese erledigt sein muss.

Im Redaktionsplan wird nämlich nicht nur vermerkt, welche Story wann erscheinen soll, sondern auch auf welchen Kanälen. In diesem Zusammenhang werden dann also auch die eben erwähnten Zuständigkeiten sowie benötigtes Material (Bild, Ton, Text ...) und eventuell auch die Produktionsdauer und Kosten notiert. Hilfreich ist es zudem, kenntlich zu machen, ob diverse Medien aufeinander verweisen sollen, und inwiefern Anpassungen von Medium zu Medium notwendig sind.

Checkliste: Das gehört in den Redaktionsplan
Im Endeffekt ist der Redaktionsplan also so etwas wie ein wichtiger Spickzettel: Je sorgfältiger er vor- und aufbereitet wurde, desto reibungsloser verlaufen Produktion und Publikation. Am

einfachsten ist es meistens, wenn man den Redaktionsplan als Tabelle anlegt, die sich gegebenenfalls beliebig erweitern bzw. detaillierter aufdröseln lässt. Beispielsweise kann es eine Jahres-, Quartals-, Monats-, Wochen- und Tagesübersicht geben. Das hängt von Ihren persönlichen Präferenzen, aber auch vom Umfang Ihrer Marketingmaßnahmen ab. Allgemein sollten sich folgende Infos im Redaktionsplan wiederfinden:

- **Geplantes Veröffentlichungsdatum** (+ ggf. Alternativtermin)
- **Thema/Handlung der Geschichte**
- **Ort/Art der Veröffentlichung** (Welcher Kanal, welches Format)
- **Spezifische Anforderungen vonseiten des Mediums** (Präsentationsstil, Format)
- **Notwendige Produktionsschritte und Ressourcen** (z. B. Videoproduktion)
- **Verantwortliche Person/Abteilung** (Gibt es auch externe Beteiligte?)

Wenn Ihnen noch weitere Punkte einfallen, die Ihrer Meinung nach in Ihren Redaktionsplan gehören, sollten Sie diese unbedingt ergänzen – schließlich soll der Plan Ihnen das Leben erleichtern und daher genau auf Ihre Bedürfnisse abgestimmt sein. Diese Checkliste soll Ihnen vor allem einen ersten Eindruck vermitteln, woran in jedem Fall gedacht werden muss, bevor es dann endlich losgehen kann mit dem eigentlichen Storytelling.

UMSETZUNG – INS SCHREIBEN KOMMEN

Herzlichen Glückwunsch, Sie haben nun fast alle Vorbereitungen getroffen und können sich nun ans Schreiben wagen. Um sicherzugehen, dass Sie nicht mitten in Ihrer Geschichte ins Stocken geraten, sollten Sie sich zunächst einmal alle benötigten Hilfsmittel zurechtlegen, kurz überprüfen, ob Sie die wichtigsten Fragen geklärt und entsprechenden Bausteine für die Story parat haben. Und dann heißt es: Üben, üben, üben, denn bekanntlich ist noch kein Meister vom Himmel gefallen.

Diese Hilfsmittel sollten Sie immer parat haben
Nicht nur beim eigentlichen Schreibprozess, sondern am besten immer und überall dabeihaben sollten Sie ein Notizbuch und einen Stift – auch,

wenn Sie bevorzugt alles digital festhalten. Doppelt gemoppelt hält besser und es wäre wirklich schade, wenn Sie Ihre beste Idee wieder vergessen, weil Sie zum Zeitpunkt Ihres Einfalls keine Möglichkeit hatten, sich Notizen zu machen.

Das Gleiche gilt ebenfalls für die Notizen, die sich bereits zu Ihrer Story gemacht haben. Diese sollten Sie alle am selben Ort aufbewahren, unabhängig davon, ob es sich um eine Lose-Blatt-Sammlung handelt oder um ein elektronisches Dokument (oder mehrere). Diese Notizen müssen noch nicht geordnet sein, das folgt in einem zweiten Schritt – zumal es auch sein kann, dass Sie die ursprünglich geplante Reihenfolge dann doch noch mal ändern möchten oder müssen.

Auch Ihren Redaktionsplan sollten Sie in Sichtweite oder zumindest jederzeit griffbereit aufbewahren. Das stärkt Ihren Fokus und hilft Ihnen auch, immer im Hinterkopf zu behalten, für welchen Kanal/welche Kanäle Sie gerade eine Geschichte vorbereiten.

Legen Sie sich auch gern Bücher an Ihren Arbeitsplatz, die Geschichten enthalten, die Sie selbst gefesselt haben. Das kann Ihnen inhaltlich wie sprachlich als Inspiration und Motivation dienen, wenn Sie gerade mal nicht weiterkommen. Ebenfalls nützlich sind ein Wörterbuch und ein Synonym-Wörterbuch, um vor allem auf der sprachlichen Ebene Unterstützung zu haben. Und natürlich dieser Ratgeber, um jederzeit noch einmal nachlesen zu können, wie Sie am besten vorgehen sollten.

Der rote Faden – Notizen organisieren und Plot strukturieren

Nachdem Sie nun also alle wichtigen Fragen geklärt und alle Hilfsmittel zurechtgelegt haben, können Sie sich endlich Ihrer Story widmen. Sehen Sie sich noch einmal Ihre Notizen an und prüfen Sie bei der Gelegenheit:

- Habe ich (mindestens) einen Charakter, den Helden?

- Gibt es einen Konflikt?

- Habe ich eine Lösung parat?

- Weiß ich, warum, für wen und für welchen Kanal ich die Geschichte produziere?

- Weiß ich schon in ungefähr, wie sich die Handlung abspielen soll?

Wenn Sie die ersten vier Fragen mit Ja beantworten können, sind Sie bereit, in medias res zu gehen. Andernfalls empfehle ich Ihnen, sich die vorangehenden Kapitel des Ratgebers noch einmal in Ruhe zu Gemüte zu führen und Ihre derzeitigen Notizen kritisch mit den Analyse-Fragen zu vergleichen.

Die fünfte Frage hingegen gibt eher Aufschluss darüber, ob Sie ein „intuitiver Schreiber" sind oder ein „Planender". Beides ist gut; oft unterscheiden sich diese beiden Typen vor allem in der bereits gesammelten Erfahrung. Während intuitive Schreiber nach der erwähnten Vorarbeit ihre Erzählung eigentlich schon im Kopf haben und sie nur noch zu Papier bringen müssen, haben planende Schreiber das Bedürfnis, ihre Notizen zu ordnen und den Plot (also den Verlauf der Handlung) zunächst grob zu skizzieren, bevor sie ihre Geschichte mit Inhalt und Leben füttern.

Wenn Sie ein intuitiver Schreiber sind – prima! Dann können Sie direkt losgehen und eine erste Fassung Ihrer Geschichte niederschreiben. Sobald Sie im Großen und Ganzen zufrieden sind, können Sie im Prinzip schon zum Kapitel „Vor der Veröffentlichung" springen, wenn Sie das möchten. Wenn Sie sich zum ersten Mal am

Geschichtenerzählen versuchen oder ein planender Schreiber sind, empfehle ich Ihnen, auch die folgenden Unterkapitel aufmerksam zu lesen, bevor Sie sich endgültig ans Schreiben machen. Dort erhalten Sie unter anderem weitere Tipps und Informationen zum Aufbau einer Story und zur Wahl des richtigen Sprach-/Erzählstils.

Der Aufbau Ihrer Geschichte

Ganz allgemein lässt sich wohl sagen, dass Ihre Geschichte, ähnlich wie Ihre früheren Schulaufsätze, eine Einleitung, einen Hauptteil und einen Schluss braucht. Je nach gewähltem Format und Anlass kann sich der jeweilige konkrete Aufbau dennoch davon unterscheiden. In eher klassischeren Geschichten werden am Anfang zunächst die relevanten W-Fragen beantwortet, es wird ein sogenanntes Setting präsentiert. Sie erfahren, wer der Held ist und was er normalerweise tut. Dann bahnt sich der Konflikt an. Dieser Konflikt sowie die Suche nach dessen Lösung bilden den Hauptteil Ihrer Geschichte. Und schließlich folgt dann am Ende die Auflösung. Ein solcher Aufbau ist beispielsweise interessant, wenn Sie die Gründungsgeschichte erzählen wollen, oder aber, wenn

Sie ein neues Produkt einführen (s. oben, Stichwort: Apple).

Oft kann es aber auch von Vorteil sein, den Aufbau ein bisschen zu verdrehen, um auf diese Weise mehr Aufmerksamkeit und damit mehr Interesse zu wecken. So könnten Sie beispielsweise die Einleitung nutzen, um dem Publikum einen kurzen Vorausblick auf das zu geben, was es in der Geschichte erwarten wird – natürlich, ohne dabei schon das Ende zu verraten. Diese Methode finden Sie häufig bei Boulevard- und Promi-Nachrichten, wenn der Einstiegssatz beispielsweise lautet: „Sie hat es schon wieder getan!"

In diesem Zusammenhang wurde auch der sogenannte „Küchenzuruf" erfunden, der die Antwort auf diese Frage gibt und meistens auch als Hauptaussage des Textes verstanden wird. Der Küchenzuruf ist ein Satz, der die wichtigsten W-Fragen klärt, also beispielsweise der Satz, den Sie auch verwenden würden, wenn Sie Ihre Geschichte in einen einzigen Tweet verpacken müssten. Der Ausdruck „Küchenzuruf" geht zurück auf Henry Nannen, der darunter den Satz versteht, den ein Mann beim Lesen der Zeitung seiner Frau „in die Küche zuruft", um den gerade gelesenen

Artikel kurz und knapp zusammenzufassen – zum Beispiel: „Mensch, die Regierung will schon wieder mehr Steuern verlangen." Der Satz ist informativ genug, um zu erklären, worum es geht (Steuererhöhung), klärt aber noch nicht, warum oder um welche Steuern es sich handelt. Das animiert den Leser dazu, auch den Rest des Artikels zu lesen.

Wie Sie sehen, muss Ihre Geschichte, vor allem in Abhängigkeit von Thematik und gewähltem Kanal nicht zwingend der Struktur eines Dramas folgen. Dennoch lohnt es sich, sich ein wenig daran zu orientieren und sich zu fragen, welche Informationen Ihr Adressat auf jeden Fall braucht. Diese sollten nämlich nicht erst am Ende der Geschichte auftauchen – zumindest nicht, ohne vorher durch einen entsprechenden Spannungsbogen angeteasert worden zu sein.

Orientieren Sie sich bei der Wahl des Aufbaus vor allem an den Fragen „Wen will ich damit erreichen?" – ein Fachpublikum hat beispielsweise ein anderes Vorwissen und andere Erwartungen als ein potenzieller neuer Kunde – und „In welchem Kanal und in welchem Format wird meine Geschichte veröffentlicht?". Denn obwohl Sie im

Idealfall auch bei Videos die zu erzählende Geschichte (zumindest grob) vorschreiben sollten, haben Sie natürlich bei Bild- und Filmformaten ganz andere Gestaltungsmöglichkeiten als bei einem reinen Textformat.

Der Ton macht die Musik – die Wahl des Erzählstils

Wenn Sie nun also wissen, WAS Sie erzählen wollen, müssen Sie jetzt noch für sich entscheiden, WIE Sie es erzählen wollen. Auch hier gilt: Sie müssen wissen, wen Sie über welchen Kanal und aus welchem Grund adressieren. Sie sehen: Wenn Sie Ihre Hausaufgaben gut gemacht haben, wird Ihnen der eigentliche Schreibprozess gleich viel leichter fallen, denn um die W-Fragen kommen Sie nicht drumherum. Ähnlich erging es Ihnen sicherlich auch, als Sie Ihr Unternehmen gegründet und erste strategische (Marketing-)Überlegungen angestellt hatten.

Du oder Sie?

Eine grundlegende Frage bei der Ansprache ist schon mal, ob Sie Ihre Adressaten siezen oder duzen. Das kommt einerseits viel auf die Art Ihres Unternehmens an (ein junges Tech-Start-up wird seine Kunden anders ansprechen als ein Luxus-Modelabel) und andererseits, wieder einmal, auf die Zielgruppe selbst sowie das gewählte Medium. Wollen Sie beispielsweise neue junge Kunden via Instagram, YouTube und Co. akquirieren, bietet sich das „Du" viel eher an als das „Sie". Umgekehrt sind potenzielle neue Investoren oder die Mitglieder Ihres Vorstandes möglicherweise eher weniger begeistert, wenn Sie sie nicht siezen. In jedem Fall sollten Sie aber eine direkte Ansprache (Du/Sie) der Indirekten (man) vorziehen. So bauen Sie eine Bindung auf. Und wie Sie bereits gelernt haben, ist das einer der wichtigsten Faktoren beim Storytelling im Marketing.

Formal oder „jung und modern"?
Auch hier sind Thema, Zielgruppe und Format entscheidend. Wenn Sie Ihr Unternehmen als künftiger Arbeitgeber für Azubis vorstellen und es zu Ihrer Branche und Ihren Unternehmenswerten passt, spricht nichts dagegen, alte stocksteife Muster ein bisschen aufzulockern und vielleicht sogar ein bisschen alltagssprachlich zu schreiben. Dabei aber bitte nicht zu viel vermeintlich aktuelle Jugendsprache verwenden. Denn diese ändert sich

in einem solchen Tempo, dass Sie Ihre Karriereseite vermutlich mindestens einmal im Jahr komplett überarbeiten müssten, um up-to-date zu bleiben. So oder so: Wichtig ist es in jedem Fall, dass Sie verständliches und korrektes Deutsch verwenden. Ansonsten wirkt alles schnell unprofessionell, egal wie großartig Ihre Storys eigentlich sind. Formal gehaltene Geschichten bieten sich vor allem dann an, wenn Sie beispielsweise neueste Studien zu Ihrer Branche vorstellen, Sie sich an ein Fachpublikum wenden oder es einfach nach wie vor Usus in Ihrem Bereich ist – beispielsweise bei Versicherungen.

Was ist mit Humor, Ironie und Sarkasmus?
Grundsätzlich ist es möglich, auch mal eine Geschichte mit einem Augenzwinkern zu erzählen – insbesondere, wenn es sich zum Beispiel darum dreht, dass ein Konflikt eher per Zufall oder mithilfe einer kuriosen Idee gelöst werden konnte. Oder wenn ein vermeintlich großes (technisches) Problem mit einem kleinen Handgriff aus der Welt geschafft wurde. Wichtig ist allerdings die Dosierung. Wenn Sie häufig eher humoristische Geschichten teilen, könnte das dazu führen, dass Sie

weniger ernst genommen werden – wem hätte man in der Schulzeit eher geglaubt, dass der Unterricht ausfällt, weil der Lehrer krank ist: dem Pausenclown oder dem Klassensprecher? Während Selbstironie dann und wann in Ordnung ist, um authentisch bleiben und vermitteln zu können, dass Sie wissen, dass auch bei Ihnen nicht alles immer wie am Schnürchen läuft, sollten Sie auf Unternehmensebene unbedingt von sarkastischen Bemerkungen absehen! Das kann schnell nach hinten losgehen und Sie unsympathisch oder gar unsensibel wirken lassen. Wenn Sie beispielsweise eine kuriose Kunden- oder Mitarbeitergeschichte aufgreifen und Sie diese mit einem kleinen Augenzwinkern erzählen möchten, müssen Sie zudem darauf achten, dass die betreffende Person nicht eindeutig identifizierbar ist – schließlich soll niemand bloßgestellt werden. (Nicht nur, weil ein saftiger Rechtsstreit drohen könnte ...)

Die Verwendung von Fach- und Fremdwörtern
In den meisten Fällen gilt: Weniger ist mehr. Und wenn Sie ganz ohne komplexe Wort- und Satzkonstruktionen auskommen, ist es noch besser. Es geht darum, Emotionen zu wecken.

Unverständliche Texte und „Fachchinesisch" führen jedoch, wenn überhaupt, statt zu positiven Gefühlsregungen am ehesten zu Abwehrreaktionen. Das menschliche Gehirn kann Informationen am besten verarbeiten, wenn es sie in Form von Bildern und bekannten Mustern präsentiert bekommt. Abstrakte Begriffe hingegen kann es nur schwer bis gar nicht verarbeiten. Wenn Sie sich dazu tiefgehender informieren wollen, kann ich Ihnen an dieser Stelle Daniel Kahnemans „Schnelles Denken, langsames Denken" empfehlen.

Konkret bedeutet das für Sie: Wenn Sie beispielsweise Ihr Unternehmen umstrukturieren, erweitern oder personell verändern wollen oder müssen, dann sprechen Sie nicht von „Change-Management", „Reallokation von Ressourcen" oder ähnlich kompliziert klingenden Prozessen. Sondern schildern Sie bildhaft, dass es beispielsweise nötig ist, Abteilung X zu schließen, weil Y. Oder, dass Sie gerade planen, eine Filiale in einer weiteren Stadt zu eröffnen, weil sich gezeigt hat, dass die Nachfrage nach Ihren Produkten/Dienstleistungen (dort) besonders hoch ist. Oder, dass Sie eine neue Stelle in Ihrer Marketingabteilung schaffen werden, damit sich jemand künftig um das Storytelling kümmern kann. Eine der wenigen Ausnahmen, bei der die Verwendung von Fremd- und Fachwörtern ausdrücklich erwünscht ist, ist es, wenn Sie einen Artikel in der Fachpresse einreichen oder einen entsprechenden Vortrag auf einer Branchenveranstaltung/vor einem Fachpublikum halten. Das ergibt sich aber auch schon aus der Bezeichnung der entsprechenden Adressaten.

Übung macht den Meister – weitere Tipps und Tricks

Wie Sie sicherlich bereits festgestellt haben, könnte die Liste der Dinge, die Sie unbedingt tun (oder unbedingt vermeiden) sollten, noch ewig fortgeführt werden. Aber egal, wie lang die Liste letztlich wäre, sie wäre nie vollständig. Und es würden Ihnen (wie auch allen anderen, mich eingeschlossen) dennoch gerade am Anfang so einige Fehler unterlaufen – schließlich ist noch kein Meister vom Himmel gefallen. Im Gegenteil: Diverse Studien haben ergeben, dass Menschen eine neue Fertigkeit im Schnitt etwa 10.000 Stunden lang ausgeführt haben müssen, um tatsächlich eine entsprechende meisterhafte Qualifikation darin zu erwerben. Da hilft also nur eins: üben, üben, üben; dabei auch bereitwillig aus den eigenen

Fehlern zu lernen und sich vor allem nicht entmutigen zu lassen. Hier folgen jetzt noch ein paar allgemeinere Tipps, die Ihnen dabei helfen können, Ihre Geschichte noch besser zu machen.

Keine Schachtelsätze!
Damit Ihr Publikum Ihrer Geschichte besser folgen kann, sollte sie – sprachlich gesehen – möglichst einfach gehalten werden. Lange Satzgefüge, die aus mehreren Haupt- und Nebensätzen bestehen, machen Ihren Text komplizierter als er sein müsste. Das kann dem Leser schnell „zu anstrengend" werden. Manchmal entsteht durch Bandwurmsätze aber auch der Eindruck, der Autor wisse selbst nicht so genau, was er eigentlich sagen wollte. Keine angenehme Vorstellung! Deshalb: Keep it short and simple (KISS). Versuchen Sie beispielsweise, möglichst wenige Satzgefüge zu verwenden. Machen Sie also aus einem langen Satz zwei (oder drei) kurze. Zum Thema Einfachheit erfahren Sie im folgenden Kapitel noch einmal mehr.

Bilder, Bilder und noch mehr Bilder
Bilder wecken Emotionen. Und Assoziationen.

Und damit sind nicht nur Bilder im Sinne von Fotos und Videos gemeint, sondern vor allem auch die redensartlichen „Bilder im Kopf". Deshalb wird im amerikanischen Sprachraum – auch wenn das auf den ersten Blick verwirrend scheint – oft auch von „show, don't tell" gesprochen, wenn es um gutes Storytelling geht. Dahinter verbergen sich zweierlei Dinge: Zum einen geht es darum, nicht nur (abstrakte) Werte wie „Zuverlässigkeit", „Qualität" und „Kundenorientierung" zu proklamieren, sondern auch darum, diese durch konkrete Beispiele hervorzuheben. Und zum anderen, eng damit verbunden und weiter oben schon kurz angesprochen: Es geht darum, das Publikum „dort abzuholen, wo es steht". Das bedeutet, dass Sie konkrete Bilder in den Köpfen Ihrer Adressaten erschaffen – denn dadurch werden auch die verknüpften Assoziationen und Emotionen aktiviert, die letztlich dafür sorgen, dass Ihr Unternehmen ebenfalls mit diesen Eigenschaften verknüpft wird. Ihre Geschichte muss also so bildhaft erzählt sein, dass der Leser das Gefühl hat, sie selbst mitzuerleben. Je besser es Ihnen gelingt, Bilder zu erschaffen, desto länger bleibt Ihre Geschichte im Gedächtnis Ihres Adressaten hängen.

Adjektive in Maßen, nicht in Massen

Heutzutage ist es allerdings bei vielen Menschen üblich geworden, dass sie die Bildhaftigkeit ihrer Erzählung vor allem durch das vermehrte Verwenden von Adjektiven erreichen wollen – häufig sind diese jedoch eher überflüssig und plustern die Geschichte künstlich auf, statt einen Mehrwert zu bieten. Ein klassisches Beispiel dafür sind „schreckliche Katastrophen" (schließlich ergibt sich aus der Definition des Wortes schon, dass es selten etwas Harmloses und grundsätzlich auch nichts Gutes ist). Ähnlich verhält es sich mit Pleonasmen à la „weißer Schimmel" und „schwarzer Rabe". Auch Dopplungen wie „enorm große Schäden" (beziehungsweise die Verwendung des Wortes „enorm" im Allgemeinen) sollten Sie eher lassen. Auch hier gilt, wie bei den Fremdwörtern: Weniger ist mehr.

Das ewige Leid mit den Superlativen

Nicht nur bei Adjektiven wird häufig zu dick aufgetragen – sondern auch bei der Verwendung von Superlativen. Wenn Sie beispielsweise jedes Ihrer Produkte als „das Beste" (oder schlimmer noch: als „das absolut Beste") anpreisen, verliert sich die gewünschte Wirkung schnell oder kann gar ins Gegenteil umschlagen: Wer von sich ständig nur in den allerhöchsten Tönen spricht und sich nie selbstkritisch zeigt, der ist möglicherweise ein bisschen zu selbstverliebt und damit potenziell realitätsfern – keine Eigenschaft, die man sich bei einem Dienstleister, Lieferanten oder Kooperationspartner wünscht. Abgesehen davon wirkt die ständige Verwendung von Superlativen (noch dazu, wenn es sie derart nicht gibt, wie beispielsweise „der Einzigste" anstelle von „der Einzige") eher wie eine Art Dauerwerbesendung. Das hat weder mit gutem Marketing im Allgemeinen noch mit stilvollem Storytelling im Speziellen zu tun. Deshalb üben Sie sich hier gern in Bescheidenheit: Nicht alles muss als „supermegatoll" angepriesen werden, um von den Kunden auch so wahrgenommen zu werden.

So weit zu den Tipps und Tricks. Jetzt heißt es für Sie erst einmal: Frisch ans Werk und üben, üben, üben. Sobald Sie Ihre Geschichte geschrieben und das Bedürfnis haben, sie jetzt sofort zu veröffentlichen, ist es an der Zeit, eine kurze Pause einzulegen.

Atmen Sie noch einmal tief durch, bevor Sie sich dem vorletzten Kapitel (und damit auch dem letzten großen proaktiven Arbeitsschritt) widmen. Und vor allem: Seien Sie stolz auf sich! Wenn Sie bis hierhergekommen sind, haben Sie den Großteil der Arbeit schon hinter sich.

VOR DER VERÖFFENTLICHUNG

Geschafft! Sie haben erfolgreich analysiert, welche Geschichten Sie erzählen wollen. Sie wissen, warum Sie das tun und wann, wo und wie die Geschichte veröffentlicht werden soll. Sie haben die Geschichte fertig geschrieben und jetzt fehlt nur noch eins: die Veröffentlichung. Doch halt! Bevor Sie voreilig auf die entsprechenden Freigabeknöpfchen drücken, sollten Sie Ihre Story noch einmal gründlich selbst kontrollieren und/oder kontrollieren lassen – vor allem in Bezug auf den Inhalt und die sprachliche Gestaltung.

Inhalt prüfen mit AIDA und KISS
Sicherlich haben Sie in Ihrer Karrierelaufbahn schon mal von der AIDA-Formel und dem sogenannten KISS-Prinzip gehört. Diese beiden

Methoden eignen sich hervorragend, um den Inhalt Ihrer Story noch einmal auf Relevanz und Verständlichkeit zu prüfen.

A – Attention: Der Einstieg in Ihre Erzählung muss Aufmerksamkeit erregen (z. B. der Titel)

I – Interest: Sie müssen das Interesse am Thema/Unternehmen/Produkt wecken

D – Desire: Der Adressat soll eine positive emotionale Bindung aufbauen (und z. B. einen Kaufwunsch entwickeln)

A – Action: Sie ermutigen den Adressaten zu handeln (beispielsweise zum Kauf Ihrer Produkte)

Obwohl sich die AIDA-Formel eher an klassischen Marketing- und Werbestrategien orientiert, können Sie sie trotzdem verwenden, um zumindest mal zu überprüfen, ob Ihre Geschichte „fesselnd" erzählt ist und beim Publikum den Wunsch weckt, sie bis zum Ende aufmerksam mitzuverfolgen. Insbesondere bei Geschichten rund um Ihre Produkte oder Dienstleistungen, aber auch bei Erfahrungsberichten Ihrer Mitarbeiter oder ehemaligen Kunden und Geschäftspartner lässt sich die Grundidee der AIDA-Formel gut integrieren. Dahingegen eignet sie sich nicht zwingend, um Ihre Unternehmensgeschichte zu optimieren, obgleich auch sie von lebhaftem Storytelling profitiert. In jedem Fall eignet sich aber das KISS-Prinzip, um sicherzugehen, dass Ihre Geschichten leicht verständlich und frei von unnötigen Schnörkeln sind.

KISS steht für „**Keep It Short (and) Simple**", auf Deutsch etwa: „Halten Sie (die Geschichte) kurz und einfach". Kurz bezieht sich vor allem darauf, dass Sie überflüssige Informationen, Wörter und Floskeln vermeiden sollten. Prüfen Sie, ob die Handlung einem roten Faden folgt und sich nicht zu sehr in Einzelheiten und Nebenschauplätzen verliert. Streichen Sie Dopplungen und andere überflüssige Wörter, wie oben im Tipps-und-Tricks-Bereich bereits erwähnt. Dadurch wird Ihre Geschichte automatisch auch leichter verständlich und Ihre Kernbotschaft ist klar ersichtlich. Die Story einfach zu gestalten, bedeutet in erster Linie, dass Sie sowohl die Erzählstruktur einfach und überschaubar halten sollten (zum Beispiel, indem Sie eine Geschichte chronologisch erzählen oder sie durch Zwischenüberschriften gliedern) als auch die sprachliche Ausgestaltung.

Richten Sie sich nach dem erwarteten Vorwissen Ihrer Zielgruppe. Und dann setzen Sie noch eine Stufe weiter unten an. Verwenden Sie kurze, klare Sätze. Nutzen Sie eine bildhafte Sprache, die die Vorstellungskraft des Lesers aktiviert. Verwenden Sie konkrete Beispiele, aber gehen Sie nicht zu sehr ins Detail – sollte sich anschließend zeigen, dass genau dieses (fehlende) Detail das Publikum besonders interessiert, haben Sie somit automatisch eine weitere Geschichte gefunden, die Sie dann erzählen können.

Vier-Augen-Prinzip beim Lektorat

Nicht nur den Aufbau und Inhalt Ihrer Erzählung sollten Sie vor der Veröffentlichung noch einmal unter die Lupe nehmen. Ebenso wichtig ist auch die sprachliche Korrektheit. Deswegen sollte Ihr Text noch einmal genau auf eventuelle Fehler in Sachen Rechtschreibung, Grammatik, Syntax (Satzbau) und Interpunktion (Zeichensetzung) untersucht werden – am besten von mindestens einer weiteren Person, die den Text bisher nicht kennt. Denn Sie kennen das sicher von anderen Texten: Irgendwann haben Sie sie schon so oft gelesen, dass Sie die Fehler im wahrsten Sinne des

Wortes nicht mehr sehen können. Selbst, wenn beispielsweise ganze Wörter fehlen, fällt Ihnen das ab einem bestimmten Zeitpunkt nicht mehr auf – weil Sie den Text in- und auswendig kennen und Ihr Gehirn ihn deshalb automatisch richtig liest. Keine Sorge, das ist nicht nur bei Ihnen so! Deshalb empfehle ich Ihnen, das Lektorat, also die sprachliche Prüfung Ihres Textes, an eine andere Person abzugeben. Schließlich sehen vier Augen bekanntlich mehr als zwei. Und ganz nebenbei erhalten Sie obendrauf auch noch ein erstes Feedback dazu, wie (gut) Ihre Geschichte tatsächlich ankommt. Diese Rückmeldung sollte Sie sich auch unbedingt einfordern, schließlich hilft sie Ihnen, in Sachen Storytelling künftig noch besser zu werden.

Abschlusscheck: Passt die Geschichte zum gewählten Medium?

Nachdem Sie Ihre Geschichte jetzt noch einmal auf Herz und Nieren geprüft haben, ist es Zeit, auch einen letzten Punkt noch einmal kritisch zu hinterfragen: Haben Sie Ihre Geschichte auch an die spezifischen Anforderungen des von Ihnen gewählten Mediums angepasst? Überspitzt formuliert: Die beste fünf-Seiten-Story nutzt Ihnen wenig, wenn Sie eigentlich einen kurzen Tweet absetzen sollten. Genauso wenig, wie Ihnen ein kurzer, flapsiger „Auch die Besten machen Fehler"-Spruch bei einer Präsentation für neue Investoren unterkommen sollte. Das sind jetzt zwei extreme Beispiele und selbst ein blutiger Storytelling-Anfänger weiß, dass die beiden Beispiele absolute No-Gos darstellen und vermutlich in der Praxis auch selten vorkommen.

Dennoch passiert es häufig, dass bei Marketing-Kampagnen nicht ausreichend auf die Besonderheiten der einzelnen Kanäle eingegangen wird. Insbesondere, wenn eine Kampagne über mehrere Plattformen hinweg veröffentlicht werden soll, wird diese letzte Kontrollinstanz gern vernachlässigt. Da heißt es dann „Ach, wir nehmen einfach ein paar Sätze aus unserm Blogbeitrag und nehmen die für Twitter" oder „Wir machen schnell ein Foto für Instagram und sagen den Leuten, dass Sie für mehr Infos auf unserem Blog nachlesen sollen". Diese Methode führt in den wenigsten Fällen tatsächlich zum Erfolg. Denn allein schon die Art und Weise, wie User auf den verschiedenen Plattformen miteinander interagieren, ist sehr vielfältig. Das liegt auch viel an den Nutzern selbst, insbesondere das Alter und der soziale Status haben einen großen Einfluss auf die (Nicht-)Wahl eines bestimmten Mediums einerseits und dem gewählten Kommunikationsstil andererseits.

Umgekehrt gilt auch für Sie: Ein Kanal, der vor allem auf Bild- oder Videobeiträgen aufbaut, eröffnet Ihnen ganz andere Möglichkeiten (vor allem in Bezug auf das „Setting") als ein rein textbasiertes Veröffentlichungsportal. An diesem Punkt können Sie erneut feststellen, wie wichtig es ist, nicht einfach wild draufloszuschreiben und die erstbeste Idee zu veröffentlichen, die Ihnen in den Sinn kommt. Zielführender ist es, wenn Sie Ihre Gedanken sammeln, ordnen, die einzelnen Bearbeitungsprozesse planen … und diese dann Schritt für Schritt umsetzen. Wenn Sie Ihre Geschichte dann beendet und geprüft haben, haben Sie es geschafft.

Jetzt sind Sie mit allem fertig und können endlich voller Stolz den „Veröffentlichen"-Knopf drücken – herzlichen Glückwunsch!

NACH DER VERÖFFENTLICHUNG: MONITORING UND ERFOLGS-ANALYSE IHRER BEITRÄGE

Obwohl Sie sich eine erneute kurze Verschnauf-pause mehr als verdient haben, sind Sie nach der Veröffentlichung Ihres Beitrags dennoch nicht gänzlich aus dem Schneider: Um das Storytelling erfolgreich und dauerhaft in Ihre Marketingstrate-gie zu implementieren, müssen Sie natürlich auch dieses einer konstanten Erfolgskontrolle unterzie-hen. Erinnern Sie sich an Ihr SMART-Goal: Was wollen Sie mit Ihren Geschichten erreichen? Zu-gegebenermaßen würde es den Rahmen dieses Ratgebers sprengen, sämtliche Analysetools im Detail zu besprechen. Abgesehen davon kann ich mir vorstellen, dass Sie im Zuge Ihrer bisherigen Marketing-Aktivitäten bereits ein gutes Gespür dafür haben, worauf es ankommt. Ganz grund-sätzlich seien aber noch einmal ein paar Möglich-keiten erwähnt, die Sie haben, um den Erfolg Ihrer Storys zu überprüfen:

Sie können einerseits auf Plattformen wie Fa-cebook, Instagram und Co. die sogenannten „In-sights" nutzen. Diese werden von der Plattform bereitgestellt und darüber können Sie beispielsweise erfahren, wie viele Leute mit Ihrem Beitrag interagieren und auf welche Art und Weise sie das getan haben.

Sollten Ihnen die von der jeweiligen Plattform selbst angebotenen Informationen nicht genügen, gibt es auch sogenannte (oft kostenpflichtige) Drittanbieter (wie beispielsweise Google Analytics), die Ihnen weitere Daten und deren Auswertung zugänglich machen können. Achten Sie bei deren Verwendung aber sowohl auf die AGB der genutzten Plattform (manche drohen an, bei Nutzung von Drittanbietern das Nutzerkonto zu sperren) als auch vor allem darauf, dass Sie nicht gegen die Europäische Datenschutzgrundverordnung (DSGVO) verstoßen. Dasselbe gilt auch, wenn Sie beispielsweise Analysetools und -plugins auf Ihrer Webseite und Ihrem Blog installieren. Vorsicht ist in diesem Fall die Mutter der Porzellankiste: Bringen Sie einen gut sichtbaren Hinweis an, welche Daten Sie sammeln und wozu – den sogenannten Cookie-Hinweis. Am besten ermöglichen Sie es den Webseitenbesuchern, selbst zu entscheiden, welche Daten gespeichert und verwendet werden dürfen. Damit ersparen Sie sich eine Menge potenzielle Rechtsstreits. Sicherlich haben Sie solche Cookie-Erlaubnisanfragen auch selbst schon oft gesehen, wenn Sie im Internet unterwegs waren.

Eine weitere Möglichkeit wäre es, Umfragen durchzuführen beziehungsweise durchführen zu lassen. Doch heutzutage gestaltet sich diese Variante des Erkenntnisgewinns eher schwierig und ist oft vor allem auch oft mit der Verwendung von großen finanziellen, personellen und zeitlichen Ressourcen verknüpft. Alternativ können Sie sogenannte A-/B-Testings durchführen. Dabei wird einem Teil Ihrer Zielgruppe Version A Ihres Beitrags gezeigt – und der andere Teil bekommt eine abgewandelte B-Version zu sehen. Damit wird in Bezug auf einen konkreten Faktor X geprüft, auf welche Art und Weise er besser bei der Zielgruppe ankommt.

Abschließend lässt sich zum Thema Monitoring und Erfolgsanalyse festhalten: Ähnlich wie bei der Erstellung des Beitrags gilt auch hier, dass eine vernünftige Vorarbeit bereits die halbe Miete ist. Je genauer Sie zuvor das Ziel Ihrer Kampagne/Ihres Beitrags definieren, desto leichter fällt es Ihnen, die zu analysierenden Faktoren festzulegen. Und je genauer Sie wissen, was die jeweiligen Erfolgsfaktoren sind, desto besser können Sie sich für deren Überwachung und Analyse rüsten. Das wiederum ermöglicht es Ihnen, künftige Storys noch besser an Ihre Zielgruppe und die verwendeten Kanäle anzupassen. Es ist daher sehr wichtig, dass Sie auch Ihren Redaktionsplan und Erzählstil regelmäßig aktualisieren und die neugewonnenen Erkenntnisse einfließen lassen. Denn dadurch machen Sie Storytelling zu Ihrem Marktvorteil im Marketing!

Damit Sie künftig, sobald Sie sich entsprechend sicher fühlen, nicht mehr den kompletten Ratgeber Zeile um Zeile durcharbeiten müssen, finden Sie auf den folgenden Seiten noch einen 11-Punkte-Plan, der Ihnen noch einmal die wichtigsten Schritte aufzeigt. So können Sie weiterhin bequem Ihre Story von Anfang bis Ende durchplanen und selbst zum professionellen Geschichtenerzähler werden. Ich wünsche Ihnen dabei viel Spaß und Erfolg!

Kurz und knapp: In 11 Schritten zum Storytelling im Marketing

Um die Inhalte des Ratgebers noch einmal kompakt zusammenzufassen, finden Sie im Folgenden einen 11-Punkte-Quickguide, um Ihre Story von Anfang bis Ende auf den Punkt und anschließend an den Mann/die Frau bringen zu können. Natürlich können Sie ihn gern um Ihre eigenen Erfahrungen und Erkenntnisse erweitern.

1. Definieren Sie Ihr Ziel und beantworten Sie die W-Fragen

Erinnern Sie sich an den „Golden Circle": WARUM tun Sie, was Sie tun? WIE tun Sie es? Und WAS genau tun Sie? Diese Fragen zu beantworten, gibt Ihnen schon ein Gefühl dafür, wohin die Reise geht. Außerdem zu klären: WEN will ich erreichen? WARUM will ich diese Zielgruppe ansprechen? WIE, WO und WANN will ich sie erreichen? WER ist für die Umsetzung zuständig? Auch wichtig: WIE HOCH ist mein Budget?

2. Sammeln Sie Ideen, die zu Ihren Zielen passen

Allgemeine Ideen: Gründungsgeschichte, Storys zu Produkten, neuen Trends und Studien in der Branche, Mitarbeiter- und Kundengeschichten, Geschichten zu besuchten Messen und Events. Zusätzlich eignen sich Brainstorming und Best-Practice-Analysen, um weitere Ideen zu generieren.

3. Planen Sie Ihre Beiträge und erstellen Sie einen Redaktionsplan

Überlegen Sie sich eine Gesamtstrategie und halten Sie diese in einem Redaktionsplan fest. In diesem sollte unter anderem vermerkt werden, welche Story wann und wo veröffentlicht werden soll. Ebenfalls sollten Sie notieren, wie viel Vorlaufzeit Sie benötigen und ob beispielsweise externe Dienstleister (etwa Videoproduzenten) mit ins Boot geholt oder weiteres Material beschafft werden muss.

4. Legen Sie alle eventuell benötigten Hilfsmittel bereit

Das sind im Zweifelsfall zumindest Ihre Notizen und dieser Ratgeber. Als weiteres Hilfsmittel eignet sich alles, was Ihren Schreibfluss fördert und zeitgleich dafür sorgt, dass Sie den Fokus nicht verlieren.

5. Skizzieren Sie die Handlung

Wer ist der Held der Geschichte? Aus welcher Perspektive wird erzählt? Was ist die Ausgangssituation? Um welchen Konflikt geht es? Gibt es weitere Charaktere? Wie wird der Konflikt schließlich gelöst?

6. Legen Sie los

Toben Sie sich aus, haben Sie Spaß. Übung macht den Meister und je mehr sie ausprobieren, desto eher finden Sie den Stil, der zu Ihnen passt.

7. AIDA, KISS und die Frage nach dem richtigen Aufbau

Sobald Sie mit Ihrer Geschichte zufrieden sind und erstmal den Impuls verspüren, sie direkt zu veröffentlichen, nehmen Sie sich noch einmal die Zeit, um sie auf Herz und Nieren zu prüfen. Stellen Sie sicher, dass Ihre Sätze kurz und prägnant sind. Sorgen Sie dafür, dass überflüssige Handlungsstränge, Floskeln und Füllwörter aus dem Text gestrichen werden – Ihr Publikum wird es Ihnen danken. Kontrollieren Sie auch noch einmal, ob Sie eine bildhafte, emotionalisierende Sprache verwendet und dafür Fach- und Fremdwörter weitestgehend vermieden haben.

8. Lassen Sie die Story noch einmal Korrekturlesen

Wenn Sie Ihre Story geprüft haben, lassen Sie sie zusätzlich von mindestens einer weiteren Person (einem Kollegen/Mitarbeiter oder einem professionellen Lektoren) auf sprachliche Fehler oder sonstige Unstimmigkeiten prüfen. Insbesondere Rechtschreibung und Grammatik, aber auch der

Satzbau und die Zeichensetzung sollten genaustens unter die Lupe genommen werden. Hier gilt: Vier Augen sehen mehr als zwei (und sechs Augen sehen mehr als vier ...).

9. Prüfen Sie noch einmal, ob die Geschichte an das gewünschte Medium angepasst ist

Stellen Sie sich abschließend noch einmal die Frage, ob Ihre Erzählung nicht nur an die gewünschte Zielgruppe, sondern auch an das ausgewählte Medium angepasst ist. Rufen Sie sich noch einmal die jeweiligen Besonderheiten der jeweiligen Plattform ins Gedächtnis und überprüfen Sie, ob Sie diese berücksichtigt haben. So kann ein Tweet beispielsweise nicht länger sein als 280 Zeichen, während ein Blogbeitrag durchaus 1.000 und mehr Wörter beinhalten könnte.

10. Veröffentlichen Sie die Geschichte zum geplanten Zeitpunkt

Sie müssen Ihre Geschichte nicht zwingend dann schreiben, „wenn Sie sie gerade brauchen". Der Vorteil am Redaktionsplan und auch generell am Content-Marketing/Storytelling ist, dass Sie die Geschichte einfach dann schreiben können, wenn es gerade bei Ihnen passt – also durchaus auch schon Monate vor dem geplanten Veröffentlichungsdatum. Machen Sie sich einfach eine entsprechende Notiz in Ihren Redaktionsplan und schon müssen Sie zum entsprechenden Zeitpunkt nur noch das Knöpfchen drücken.

11. Überprüfen Sie die Wirksamkeit Ihrer Geschichten
Nutzen Sie Analysetools, um zu prüfen, welche Storys gut ankommen. Passen Sie Ihren Redaktionsplan und Ihren Erzählstil dementsprechend fortlaufend an.

Herstellung und Verlag:

BoD – Books on Demand, Norderstedt

ISBN: 9783754306499

1. Auflage

Kontakt: Psiana eCom UG/ Berumer Str. 44/ 26844 Jemgum

Covergestaltung: Fenna Larsson

Coverfoto: depositphotos.com